# Happy Within
# Furaha ndani

By Marisa J. Taylor
Illustrated by Vanessa Balleza

BILINGUAL
**English - Swahili**

I love the color of my skin. I am unique and beautiful within.

Ninapenda rangi ya ngozi yangu. Mimi ni wa pekee na mzuri ndani.

I take pride in who I am and what I can do.

Najivunia jinsi nilivyo na kile ninachoweza kufanya.

**Being me makes me happy from within.**

Kuwa mimi, hunifanya niwe na furaha kutoka ndani.

I love to sing, dance and play with my friends, but that is just me, that makes me happy.

Napenda kuimba, kucheza dansi na kucheza na marafiki zangu, lakini hivyo ndivyo nilivyo. Hilo hunifurahisha.

What about you? What makes you happy?

Je, wewe? Ni kitu gani hukufurahisha?

Some of my friends love to play with toys and make a lot of noise. That is okay too, because to them it brings joy.

Baadhi ya marafiki zangu hupenda kucheza na mianasesere na kupiga kelele nyingi. Hilo ni sawa pia, kwa sababu huwaletea furaha.

Some of my friends love to sing, dance and chat away. That's okay, because everyone is different and special in their own way.

Baadhi ya marafiki zangu hupenda kuimba, kucheza dansi na kuzungumza. Hilo ni sawa, kwa sababu kila mmoja ni tofauti na maalum kwa njia zao wenyewe.

I do my best to be the best version of me.

Nafanya kila niwezalo ili niwe bora kwa namna yangu.

I do not compare myself to the other children I see. I am proud of who I am and free to be me.

Sijilinganishi na watoto wengine ninaowaona. Najivunia kuwa jinsi nilivyo na kuwa huru mimi.

Some children will say things and make you feel sad.

Watoto wengine watasema mambo na kukufanya uhuzunike.

Don't give power to their words and continue to be glad.

Usiyape maneno yao uwezo, endelea kufurahi.

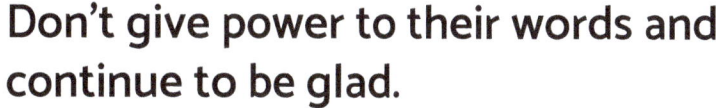

**Let´s support one another to be the best we can be.**

**Tusaidiane kila mmoja na mwenzake kuwa bora tunavyoweza kuwa.**

**Everyone is unique in their own special way.**

Kila mmoja ni wa pekee kwa namna yake maalum.

Be happy with who you are and what you see.

Furahia jinsi ulivyo na kile unachokiona.

It doesn't matter where in the world you are from, nor the colour of your skin, BE you na d do what makes you happy from within.

Haijalishi unatoka eneo gani la dunia, wala rangi ya ngozi yako. KUWA WEWE na ufanye lile ambalo hukufurahisha kutoka ndani.

The moment you feel the butterflies inside and have a smile on your face, do more of that to make you grin.

Wakati unahisi wasiwasi ndani yako na unatabasamu usoni, fanya jambo hilo zaidi ili kukufanya ucheke.

One thing to remember in order to be happy from within...

Jambo moja unapaswa kukumbuka ili kuwa na furaha kutoka ndani...

**Look at yourself in the mirror and say out loud
"I am the best version of me and happy within my skin."**

Jiangalie kwenye kioo na useme kwa sauti ' Mimi ni namna bora yangu na nina furaha katika ngozi yangu'.

If you believe in and love yourself,
you can achieve anything and win.

Ikiwa utajiamini na kujipenda, unaweza kutimiza lolote na ushinde.

# DEDICATION

This book is dedicated to all the children of the world. I made this especially for you so that you are reminded of how amazing you are. Never stop loving yourself, because self-love is the key to happiness.

Special thank you to my daughter Havana and husband Andre for inspiring me to write this. Thank you Naliya for giving me all the happy vibes allowing me to finish writing this book while you were in my belly. Extra special thanks to the most amazing and supportive husband, you are the best thing that happened to me. I love you more than words can describe.

Last but not least...Thank you very much Vanessa for understanding my vision and for bringing it to life through your beautiful images. ¡Muchísimas gracias!

This book is dedicated to Oreofe. Thank you for being part of Havana´s life. The world needs more positive books representing amazing, loving and happy boys like you. We love you and your brother dearly.

# Being me makes me....

........................................................

What about you?
What makes you happy?

**Happy Within**
**Furaha ndani**
Copyright © Lingo Babies, 2023

Written by Marisa J. Taylor Illustrations: Vanessa Balleza

ISBN: 978-1-914605-06 (paperback)
ISBN: 978-1-914605-35-2 (hardcover)
Graphic Design: Clementina Cortés
Translation by Simon Kigamba

All rights reserved. No part of this book may be reproduced or used in any matter without written permission of the copyright owner.

## Marisa Taylor

Marisa lives in London UK with her husband and two daughters. They are a mixed Jamaican, Canadian & German family. London has a diverse range of people, cultures & ethnic backgrounds. However, she still found it difficult to find books that represent kids from all over. She is passionate about learning & teaching languages as it is a key element to connecting with people from other cultures. Her desire is to inspire and motivate children from all nationalities & backgrounds to love who they are and help provide resources to be happy within.

To learn more follow her on Instagram @lingobabies

## Vanessa Balleza

Illustrator of children´s books based in Florida, Vanessa is passionate about story telling and teaching using her talents to help instil positivity. She has a beautiful and incredible ability to capture anyone´s vision and bring it to life with art, by adding her unique touch of imagination.

To learn more follow her on Instagram @vanessaballezaa

www.ingramcontent.com/pod-product-compliance
Lightning Source LLC
Chambersburg PA
CBHW041217240426
43661CB00012B/1068